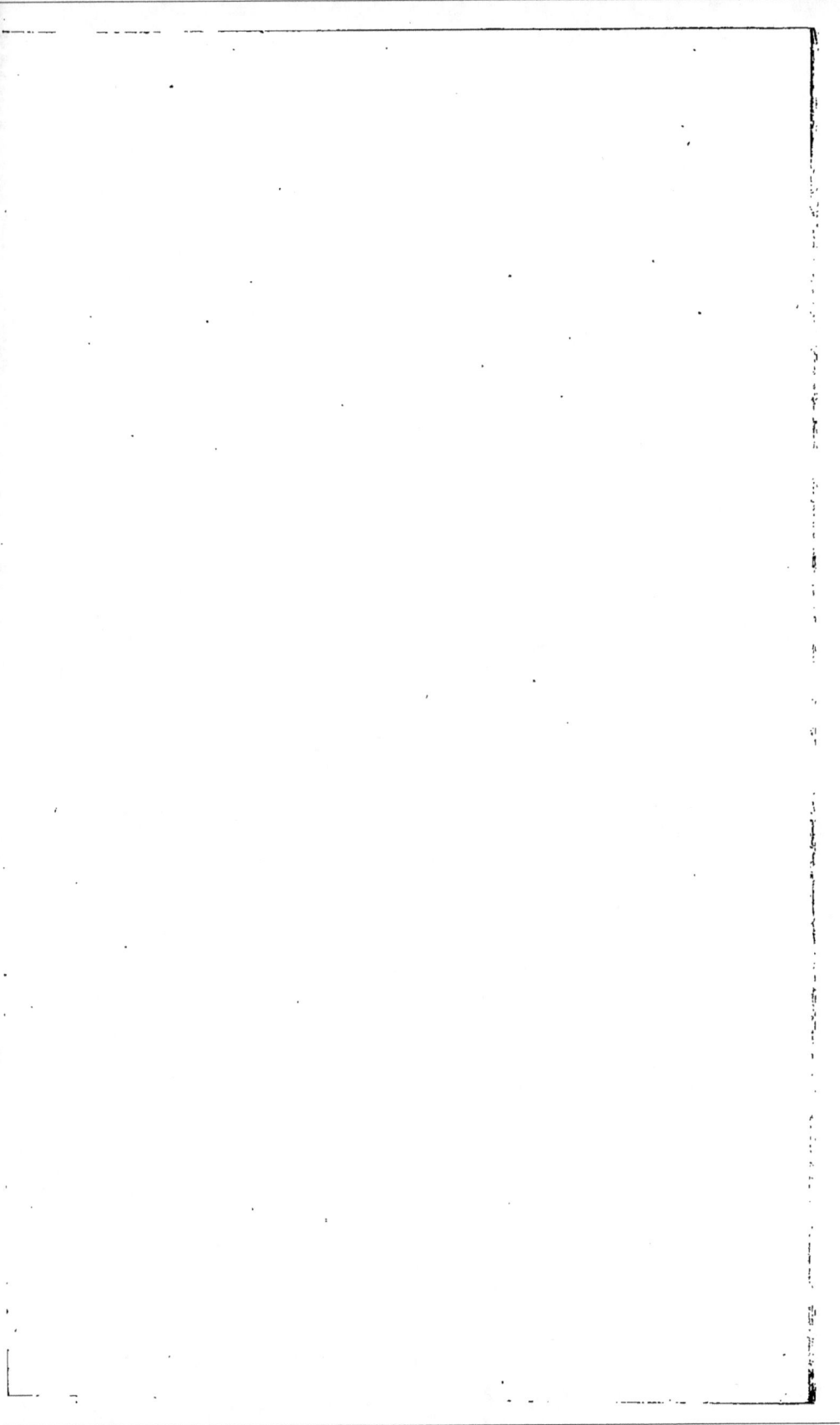

OZANAM

ET

LA SOCIÉTÉ

DE

Saint - Vincent - de - Paul

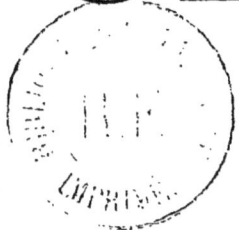

St Vincent de
Paul et Ozanam
furent les servi-
teurs des pau-
vres.

PERPIGNAN

IMPRIMERIE DE L'ESPÉRANCE

1883

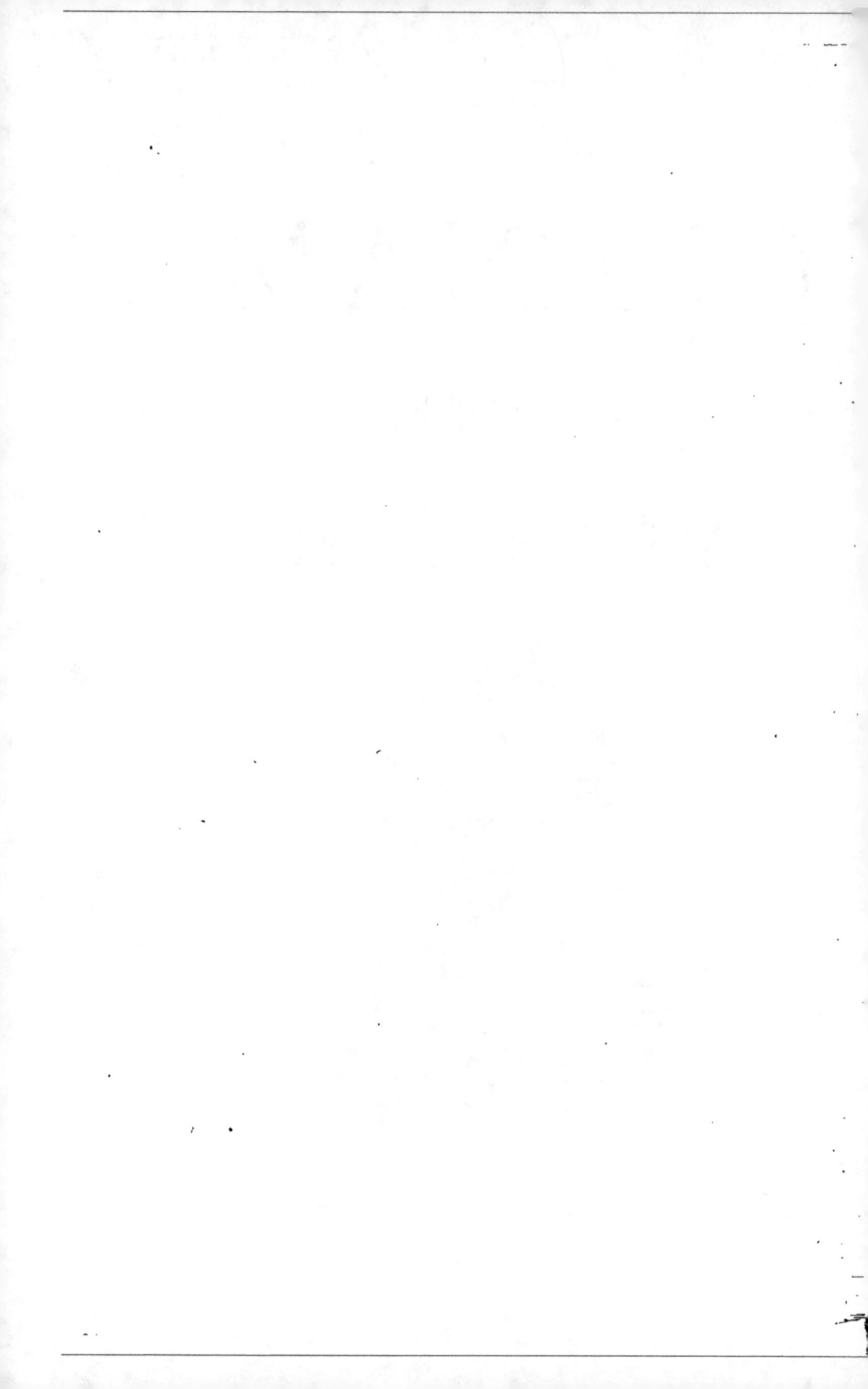

NOCES D'OR

DE LA SOCIÉTÉ DE [SAINT-VINCENT-DE-PAUL
(6 mai 1883).

OZANAM

ET LA SOCIÉTÉ DE SAINT-VINCENT-DE-PAUL

Rapport présenté par M. Augustin VASSAL, à l'*Assemblée générale* des Conférences de Perpignan, présidée par Monseigneur l'Evêque.

MONSEIGNEUR,

Votre présence au milieu de nous exprime mieux que je ne saurais le dire le caractère de cette fête qui est toute de charité. Qui donc pourrait nous dire avec plus d'éloquence : que la charité est bonne, que la charité est douce, que la charité est aimable, si ce n'est le premier Pasteur de ce diocèse qui a reçu du Chef suprême des Evêques et des fidèles la mission de répandre cette charité dans nos âmes ? Comme le disciple bien-aimé se reposa sur la poitrine du divin Maître, les membres des *Conférences de St-Vincent-de-Paul* aiment à se reposer sur le cœur de leurs Evêques, dont ils sont les disciples bien-aimés !

Au nom des confrères de votre ville
Episcopale, au nom de nos jeunes confrères
de l'Institution *St-Louis-de-Gonzague* qui
nous édifient déjà par l'ardeur de leur
charité, faible interprète du pieux et zélé
Président que notre Conférence vient de
mettre à sa tète pour l'édifier et pour la diri-
ger, je vous remercie, Monseigneur, d'avoir
bien voulu oublier un moment les fatigues
de vos visites pastorales et d'être venu prési-
der aux Noces d'Or de la *Société de St-
Vincent-de-Paul.*

Cette fète fera date dans nos souvenirs chrétiens et nous n'oublierons jamais la cordiale et
délicate hospitalité que nous a donnée Celui
qui remplace si bien le digne et bien-aimé
Supérieur que la maladie nous prive de voir
au milieu de nous. Grâce au zèle de Messieurs
les Présidents des Conférences de *St-Joseph*
et *St-Michel,* le *Triduum* des Noces d'Or a été
célébré dans les délices de la piété et de la
fraternité.

On dit que la bénédiction du Seigneur est
sur les familles où l'on se souvient des aïeux :
cette bénédiction est aussi sur les sociétés qui
n'oublient pas leurs fondateurs. Pourrions-
nous donc, en ce jour mémorable, oublier
Celui qui eut la part la plus belle dans cette
fondation qui, hier, n'était qu'un grain de
sénevé et qui, aujourd'hui, s'étend dans

toutes les parties du monde ? Avec l'auteur de sa *Vie*, qui sera mon guide, je n'hésite pas à dire que faire l'éloge d'Ozanam c'est chanter à Dieu lui-même un hymne de louanges.

Loin de moi la prétention d'écrire la vie d'Ozanam ; je ne veux que résumer ce qui a été dit à sa louange et composer comme une Mosaïque avec les pierres précieuses que j'ai trouvées sous mes pas. Mes paroles ne seront qu'un tribut d'hommages, d'admiration et de reconnaissance. Ma seule ambition est de faire connaître et de faire aimer ce grand chrétien dont la vie tout entière fut consacrée au service de Dieu et des pauvres, à la Vérité et à la Charité. Modèle digne de nos regards, il nous dira que nous ne sommes dans ce monde que pour défendre l'Eglise et pour soulager les membres souffrants de Jésus-Christ.

Frédéric Ozanam naquit, le 23 avril 1813, à Milan. « Enfant de la France par le sang qu'il avait reçu, nous dit son plus éloquent biographe, il l'était aussi de l'Italie par son berceau, et ce n'était pas en vain que la ville de Saint Ambroise et celle de Saint Irénée avaient uni pour le baptiser les grâces de leurs traditions. Ses ancêtres, d'origine juive, furent convertis par saint Didier, l'an 600 de l'ère chrétienne ». Son père fut tour à tour soldat,

négociant et médecin distingué, mais surtout
charitable. Plein de sollicitude pour ses mala-
des, quand il ne pouvait plus sauver leur
corps, il n'hésitait pas à sauver leur âme.
Sa mère était une bonne et sainte chrétienne
qui, malgré les exigences d'une nombreuse famille — au nombre de quatorze enfants — trouvait encore le temps de faire la visite des pauvres. Ces époux vraiment chrétiens avaient tant
d'ardeur dans leur charité que, malgré leur
âge avancé, ils gravissaient jusqu'aux étages
les plus élevés des maisons qui abritaient la
misère. Défense fut faite à M. Ozanam par son
épouse de franchir la limite du quatrième
étage. Mme Ozanam, à son tour, dut s'incliner
devant les ordres de son époux. Un jour ils
se rencontrent au cinquième étage d'une
maison pour aller visiter la même famille.
Inutile de dire qu'ils se pardonnèrent leur
pieuse supercherie.

Ozanam avait une constitution délicate, mais
une intelligence d'élite. Il fut l'enfant privi-
légié de la douleur. Volontiers on peut lui appli-
quer ce que Bossuet disait d'un grand guerrier :
« son âme chrétienne est toujours maîtresse du
corps qu'elle anime. »

Il avait une droiture et une sincérité à toute
épreuve. Jamais le moindre mensonge ne vint
flétrir ses lèvres. Sa pieuse mère, comme celle de
saint Louis, lui avait inspiré une horreur ex-

trême de l'apparence même du péché. Sa sensibi-
lité pour ceux qui souffraient et pou les pauvres
se manifesta presque dès le berceau. Un jour,
(il bégayait à peine), il entend un pauvre ramo-
neur crier dans la rue pour annoncer son
passage. « Pauvre petit ! » s'écrie-t-il en regar-
dant son père d'un air de compassion.

Ecolier au collège royal de Lyon, il était
du petit nombre de ceux dont un maître pru-
dent doit ralentir l'ardeur. Avec une intelligence vraiment remarquable, il écrivait ses
résumés d'histoire sainte et d'histoire ancienne.
Il n'excellait pas moins dans les *traductions*
que dans les *analyses*. Les exercices littéraires
dans lesquels il réussissait le mieux étaient
ceux qui avaient la religion et le patriotisme
pour objet. A l'âge de treize ans, il faisait des
vers latins que ne désavouerait pas le meilleur
élève de *rhétorique*. Que mes confrères de
Saint-Louis veuillent bien lire les deux poésies
qui ont pour titre : « *La mort héroïque du Chevalier d'Assas* » et « *De vitæ brevitate* », et ils
trouveront que mon éloge n'est pas exagéré.
Ozanam était déjà un penseur profond et on a
pu dire à sa louange qu'il n'avait jamais eu de
jeunesse. Avec le même succès il s'essayait à
la poésie française et l'élève de *seconde* mé-
ritait déjà les honneurs de la publicité.

A l'âge de quinze ans, les tentations du
doute assaillent l'âme du jeune philosophe.
Plus heureux que Jouffroy, qu'il devait plus

tard combattre, il n'y succomba pas. Ecoutez-le lui-même vous dire le triste état de son âme :

« Je connus toute l'horreur de ces doutes qui rongent le cœur pendant le jour et qu'on retrouve la nuit sur un chevet mouillé de larmes. L'incertitude de ma destinée éternelle ne me laissait pas de repos. Je m'attachais avec désespoir aux dogmes sacrés, et je croyais les sentir se briser sous ma main. C'est alors que l'enseignement d'un prêtre philosophe, (M. l'abbé Noirot, que M. Cousin proclamait le premier professeur de France) me sauva. Il mit dans mes pensées l'ordre et la lumière. Je crus désormais d'une foi rassurée, et, touché d'un bienfait si rare, je promis à Dieu de vouer mes jours au service de la vérité qui me donnait la paix. »

Dès ce moment la pensée qui inspire toute sa vie ne le quitte plus et le poursuit jusqu'à son dernier soupir : prouver la divinité de la religion par l'histoire.

A seize ans et demi il était bachelier ès-lettres. Son père voulait en faire un avocat, ou plutôt un conseiller, un juge dans quelque Cour royale. Il passe deux ans dans l'*étude* d'un des avoués les plus distingués de Lyon ; mais si son corps est présent, son esprit est ailleurs et le futur professeur de langues étrangères se livre avec ardeur à l'étude de l'*hébreu* et du *sanscrit*. Il a un noble but et il le pour-

suivra sans cesse : il veut défendre sa foi et sa
patrie, et il sera l'apôtre de la première et un
des plus dignes citoyens de la seconde. Il sera
clérical toute sa vie et il forcera l'admiration de ceux qui disent que « le cléricalisme
c'est l'ennemi. »

Les saint-simoniens essaient d'ébranler la
foi de saint Pothin et de saint Irénée. Ozanam n'hésite pas, et, dans une brochure célè-
bre, à dix-huit ans à peine, il les réfute
victorieusement et les réduit au silence.
Messieurs Ampère et de Lamartine félicitèrent
le jeune écrivain.

Ses études l'appelaient à Paris. Ce n'est pas
sans une profonde émotion qu'il quitta son
excellente mère qu'il aimait éperdûment. « Je
n'ai pour épancher mon âme, lui écrit-il, que
vous et le bon Dieu, mais ces deux-là en va-
lent bien d'autres ». La Providence, dont la sollicitude s'étend au brin d'herbe comme au chêne
de la forêt ne l'abandonne pas et lui fait ren-
contrer un second père qui lui ouvre son cœur
et sa maison. Il reçoit la plus généreuse hospitalité sous ce toit qui « abritait tout ensemble
la vieillesse, la science, la renommée et la religion. M. Ampère était en France comme le
patriarche des mathématiques. » Sur sa tête
l'auréole du savant et l'auréole du chrétien
confondaient leurs rayons. Quel bonheur
pour ce jeune homme perdu dans la capitale
de trouver un pareil guide ! Dans les épanche-

ments avec son hôte qui est aussi son colla-
borateur, il ne peut retenir les élans de sa
foi. « Que Dieu est grand ! Ozanam, que
Dieu est grand » ! s'écrie-t-il au milieu de ses
recherches scientifiques. Un jour Ozanam
était entré dans l'Eglise St-Etienne-du-Mont
pour répandre devant le Seigneur son âme
désolée. Il aperçoit M. Ampère agenouillé
dans un profond recueillement. Il sortit tout
renouvelé.

A quelque temps de là, un autre grand
homme l'honora de sa bienveillante protection,
celui que Charles X appelait une puissance de
ce monde, l'immortel auteur du *Génie du
Christianisme*. M. de Chateaubriand accueillit
son jeune visiteur qui lui était recommandé
par M. le Chanoine de Bonnevie. Il lui demande s'il va au théâtre. Ozanam avoue
naïvement la défense de sa mère. M. de Chateaubriand l'embrasse et lui dit affectueu-
sement : « Je vous conjure de suivre le conseil de votre mère. Vous ne gagneriez rien au
théâtre et vous pourriez y perdre beaucoup.»

L'étude du droit ne suffisait pas à son ardeur. « Ses instincts l'entraînaient aux grands
rivages de la poésie, de l'histoire, de l'éru-
dition littéraire et philosophique.» Son âme
avait soif d'apostolat. Il se lie bientôt d'amitié
avec des jeunes gens qui unissaient à des
talents peu communs et à des sentiments
élevés, un dévouement sans bornes à la cause

du catholicisme. Ils se trouvaient ensemble aux leçons des professeurs rationalistes et n'hésitaient pas à réfuter leurs erreurs. Jouffroy la victime du doute, se rend aux observations d'Ozanam ; il désavoue ce qu'il a dit dans son cours au préjudice de la vérité et rend hommage à ses jeunes adversaires : « Messieurs, dit-il, il y a cinq ans, je ne recevais que des objections dictées par le matérialisme. Les doctrines spiritualistes éprouvaient la plus vive résistance; aujourd'hui les esprits ont bien changé, l'opposition est toute catholique.»

Un homme illustre à jamais, l'abbé Gerbet, qui fut plus tard l'honneur de l'épiscopat, préparait ces jeunes âmes au combat et leur dévoilait les ressources variées de la stratégie chrétienne. Pendant que la plupart de leurs camarades promenaient leur vieillesse de vingt ans dans tous les carrefours de la capitale, ces étudiants chrétiens se réunissaient tous les soirs pour s'édifier et pour s'instruire. La foi énergique et éclairée d'Ozanam lui avait depuis longtemps suggéré l'idée d'une fédération d'études et de travaux entre jeunes gens chrétiens. La conférence d'histoire était la plus suivie parmi les conférences qui se tenaient chez M. Bailly ; mais les discussions auxquelles elle donnait lieu, parvenaient quelquefois à aigrir les esprits. Il fallait trouver un terrain plus propice à l'union de

tous les cœurs. Frédéric Ozanam exprima le
désir, le besoin d'avoir, en dehors de cette
conférence militante, une réunion composée
exclusivement d'amis chrétiens et toute consacrée à la charité.

« Ne vous semble-t-il pas, leur dit-il, qu'il
est temps de joindre l'action à la parole et
d'affirmer par des œuvres la vitalité de notre
foi ? » Ozanam fit la première démarche auprès de M. Bailly, qui approuva le projet. On
consulta le curé de Saint-Etienne-du-Mont.
La première réunion eut lieu au mois de
mai 1833, à 8 heures du soir, sous la prési-
dence de M. Bailly, rue du Petit-Bourbon-
St-Sulpice, 18.

Ils étaient huit, sans fortune, sans nom ;
sept étaient étudiants, un seul avait un peu
plus de vingt ans. Ils venaient de placer leur
vertu sous la garde de la charité.

La séance s'ouvrit par le *Veni sancte spi-
ritus* et par une courte lecture de piété prise
dans l'*Imitation de Jésus-Christ* On con-
vint d'adopter comme l'œuvre fondamen-
tale, la visite à domicile des familles
pauvres. L'association prit le nom de Conférence et l'apôtre de la charité, saint Vincent
de Paul, fut choisi comme son patron. La
charité devait être faite aux frais des membres, chacun dans la mesure de ses forces.
Les premières aumônes furent recueillies et la
séance se termina par le *Sub tuum præsidium.*

Dans la deuxième séance, huit jours après, chaque membre était pourvu d'une famille pauvre, choisie par lui et pour lui avec discernement.

Ozanam n'a jamais revendiqué l'honneur de cette fondation ; mais le P. Lacordaire n'hésite pas à dire qu'à peine âgé de vingt ans, Dieu lui inspire un dessein qu'on n'eût pas même attendu d'un homme consommé, et qui devait prendre place parmi les œuvres les plus fécondes et les plus mémorables de ce temps. Il croit ne blesser le souvenir d'aucun des huit, en assurant qu'Ozanam, quoique leur condisciple, était le saint Pierre de leur obscur cénacle.

Il vaut mieux sans doute, comme le dit le savant abbé Maynard, que « les origines de la Société, comme celles du Nil et de l'*Imitation*, restent dans leur obscurité sainte. L'*ama nesciri* a toujours été l'adage de toutes les œuvres chrétiennes, et comme les forêts, c'est dans l'ombre et le silence qu'elles aiment à plonger leurs racines.» Toujours est-il qu'Ozanam a été le porte-étendard de cette charitable légion et que son initiative fut couronnée de succès. Honneur à ces jeunes gens qui eurent le courage de prouver au monde que le christianisme peut en faveur des pauvres ce qu'aucune doctrine n'a pu avant lui et après lui! » Ecoutons l'éloquent Dominicain :

« Tandis que les novateurs s'épuisaient en
théories qui devaient changer le monde, eux,
plus modestes, se prirent à monter les étages
où se cachait la misère de leur quartier. On
les vit, dans la fleur de l'âge, écoliers d'hier,
fréquenter sans dégoût les plus abjects réduits, et apporter aux habitants inconnus de
la douleur la vision de la charité. La charité
est belle en quiconque l'accomplit ; elle est
belle dans l'homme mûr qui retranche une
heure à ses affaires pour la donner aux affaires de la souffrance ; elle est belle dans le
pauvre qui trouve encore une parole et un
denier pour le pauvre ; mais c'est dans le
jeune homme qu'elle apparaît tout entière,
telle que Dieu la voit en lui-même au prin-
temps de son éternité ; telle que Jésus la
voyait, au jour de son pèlerinage, sur le front
de saint Jean.

Fille de la foi, Ozanam et ses amis voulurent lui confier la leur comme à une mère,
et ce fut leur intention, que la charité servît
de médiatrice aux générations de leur siècle
et y versât la lumière que le raisonnement
éperdu y répandait en vain. »

La société de *Saint-Vincent-de-Paul* était
fondée. Le nombre de membres augmentant,
on sentit le besoin de se diviser et une
deuxième conférence fut fondée sur la pa-
roisse Saint-Philippe-du-Roule. Un de ses

fondateurs, Mgr de Sura, nous a lui-même raconté, dans la chapelle *du Christ*, les origines de la Société dont il fut un des premiers membres.

La première *assemblée générale* se tint le 21 février 1836. On y approuva le règlement définitif, après l'épreuve du temps et la pratique, comme faisait Vincent de Paul pour ses fondations. La première conférence de province fut celle de Nîmes, la 2e, celle de Lyon établie en 1836, la même année que celle de Rome.

Aujourd'hui la société de *Saint-Vincent-de-Paul* s'étend dans le monde entier et distribue par an, près de huit millions aux pauvres.

D'où vient cette merveilleuse fécondité, sinon de l'esprit d'humilité et de charité qui l'anime et qui effaçant les distances sociales, incline le riche vers le pauvre ? L'avenir nous dira si ce n'est pas elle qui possède le meilleur moyen de conjurer la lutte toujours menaçante entre la puissance de l'or et la puissance du désespoir.

Telle est l'opinion d'un auteur distingué que je cite : « Au milieu de cette guerre de la richesse et du paupérisme qui tantôt gronde sourdement, tantôt éclate en sanglantes catastrophes et quelquefois nous menace d'un cataclysme universel, la société

de Saint-Vincent-de-Paul est le congrès de
pacification permanent où la charité seule
négocie et stipule, où les vaincus du malheur
ont tous les bénéfices de la victoire ; où les
petits et les faibles, loin d'être sacrifiés aux
grands et aux forts, voient ceux-ci se dé-
pouiller librement et généreusement, à leur
profit, de leurs droits et de leurs avantages.
Sainte diplomatie qui seule pacifiera et sau-
vera le monde!» Toujours est-il que la société
de Saint-Vincent-de-Paul est le grand parti de
Dieu et des pauvres.

Grégoire XVI et Pie IX ont enrichi notre
société des plus précieuses indulgences et
N. S. Père le pape Léon XIII a daigné accorder
pour la fête de notre cinquantenaire une in-
dulgence plénière pour tous les membres
actifs et honoraires et pour les pauvres. Que
Dieu accorde de longs jours au vicaire infail-
lible de Jésus-Christ et le fasse bientôt triom-
pher de ses ennemis. !

En établissant la société de *Saint-Vincent-de-
Paul* ses fondateurs ne se doutaient pas qu'en-
viron 200 ans avant, un essai avait été tenté
d'une association de charité. En 1846 un membre de la conférence de Mâcon, fouillant les
archives de la préfecture, y découvrit un ex-
trait du livre secrétarial pour l'an 1623 con-
tenant le procès-verbal d'une assemblée tenue
dans cette ville pour le soulagement des pau-

vres à l'instigation « d'ung religieux prestre
de M. le Général des Gallaires, mehu de pitié
et de dévotion, qui est en cette ville et a com-
muniqué les formes par le moyen desquelles
on a pourvu au soulagement et nourriture
des pauvres, tant à Tresvoux que aultres vil-
les ». Or ce prestre n'était autre que saint Vincent de Paul. Il est vrai d'ajouter que les confréries d'hommes réussirent peu et que le
saint dût y renoncer.

« Ne calomnions pas notre âge, s'écrie l'his-
torien de saint Vincent de Paul. D'abord il a vu
naître et grandir cette société de St-Vincent-de-
Paul qui a rétabli parmi les hommes l'exercice
de la charité depuis si longtemps interrompu
et l'a étendu dans des proportions jusqu'à
présent inconnues. Dans le siècle de Vincent
lui-même, c'est-à-dire dans le siècle de la
charité, rien de semblable ne s'était vu, puis-
que le saint ne réussit à établir que quelques
confréries d'hommes et qu'il dût chercher
parmi les femmes les instruments de son
zèle. De plus, jamais peut-être les œuvres ne
s'étaient plus multipliées que de nos jours
et n'avaient embrassé, dans une hiérarchie plus
diverse et plus forte, toutes les misères phy-
siques et morales. »

La pensée d'Ozanam me rappelle qu'il
compare les œuvres de saint Vincent de Paul

2.

au chêne deux fois séculaire que l'on vénère
encore à Pouy, et dont nous parlait, ce matin,
une bouche éloquente. Pour nous, ajou-
tait-il, nous sommes le gazon qui pousse à
ses pieds ; il croît rapidement, il ne cesse
pourtant pas d'être petit et parce qu'il couvre
beaucoup de terre, il ne dit pas: je suis
le chêne. Imitons l'herbe des champs, selon
le conseil du cardinal Borromée, le protecteur de notre société, que la mort nous a
naguère ravi, car plus on la foule aux pieds,
plus elle s'enracine.

Telle fut l'œuvre sortie du cœur des huit étudiants. Ozanam en fit l'occupation constante
de sa vie sans négliger les devoirs de son
état, car, malgré son ardeur à s'occuper des
œuvres de zèle et de charité, il était loin
d'oublier les études sérieuses qu'il était venu
faire à Paris. L'avide science des lois n'avait
pas, il est vrai, ses préférences ; les lettres
et la philosophie l'attiraient d'un invincible
attrait.

En 1833, il part pour l'Italie où il va compléter son éducation et préparer les éléments
qui lui permettront d'élever plus tard un
magnifique monument à la gloire du Dante.
A Rome, il visite la bibliothèque vaticane qui
s'ouvrira un jour pour lui et où il décou-
vrira des richesses qui n'avaient pas été encore
exploitées.

La plus grande partie du temps se passe à Florence, où il trouve le germe de l'ardent amour qu'il conserva pour l'Italie jusqu'à son dernier soupir. Ce fut là qu'il puisa cette verve avec laquelle il développa plus tard l'histoire philosophique et littéraire de l'Italie au XIIIᵉ siècle, au siècle du Dante. Ce voyage ranima son ardeur pour les œuvres de zèle comme pour ses chères études qu'il voulait faire servir à la gloire de la sainte Eglise et au salut des âmes.

Il rentre à Paris et cherche avec ses amis, qui le considèrent comme leur chef, à étendre le règne de Jésus-Christ dans les âmes des jeunes gens. Le mal, plus hardi que jamais, ne cessait de persécuter la religion et ses attaques n'étaient pas repoussées.

A la tête d'une députation de la jeunesse catholique Ozanam sollicite de Mgr l'archevêque de Paris l'ouverture des Conférences de Notre-Dame. Monseigneur de Quélen les presse contre son cœur et quelques mois après il ouvrait lui-même la première de ces conférences que devaient rendre si célèbres, les fils de saint Dominique et de saint Ignace de Loyola.

Qu'il nous soit permis de dire ici un mot de l'amitié qui unissait Ozanam à Lacordaire qui devait être son plus grand panégyriste après sa

mort. Laissons l'éloquent conférencier nous
raconter lui-même ses impressions : « C'était
dans l'hiver qui liait 1833 à 1834. Ozanam
devait avoir vingt ans. Je ne me rappelle rien
qui m'ait frappé dans sa personne. Il n'avait
pas la beauté de la jeunesse. Pâle comme les
Lyonnais, d'une taille médiocre et sans élé-
gance, sa physionomie jetait des éclairs par
les yeux et gardait néanmoins dans le reste
une expression de douceur. Il portait sur un
front qui ne manquait pas de noblesse une
chevelure noire, épaisse et longue. Mais,
soit qu'on me l'eût fait remarquer comme un
jeune homme d'espérance, soit que la renommée ait depuis ranimé ma mémoire, je le
vois très bien au lieu où il était et tel qu'il
était. Que me voulait-il donc ? Je n'étais pas
d'ailleurs un homme pour lui, j'étais un prêtre.
Ozanam venait à moi parce qu'il était chrétien
et parce que j'étais un ministre et un repré-
sentant de sa foi dont il avait ouï parler... »

Il y venait, je n'hésite pas à le dire, parce
qu'il était attiré par le prestige de l'éloquent
religieux qui savait si bien fasciner la jeunesse
catholique. Il venait lui dire au nom des
jeunes gens chrétiens : nous sommes à vous ;
nous voulons être vos disciples.

Cependant la carrière d'Ozanam ne se des-
sinait pas. Comme tout écolier de jurispru-
dence il avait subi les épreuves qui terminent

cette étude, et voulant tendre un peu plus loin, il avait ambitionné et obtenu le titre de docteur en droit. Sa thèse est datée du 30 août 1836.

Il change aussitôt ses plans et il aspire au même honneur dans la faculté des lettres. A l'issue d'une double thèse, latine et française, il est reçu docteur ès-lettres en 1839. Dans sa thèse française : *De la Divine Comédie et de la philosophie du Dante*, son argumentation eût un tel succès, que M. Cousin intervint en s'écriant avec enthousiasme : Monsieur Ozanam, il est impossible d'être plus éloquent que vous... Les applaudissements unanimes de l'assemblée ratifièrent ce précieux témoignage.

La voie paraissait largement ouverte à Ozanam ; il n'avait qu'à la parcourir. Il hésita et se laissa séduire par le bonheur de revoir son pays natal, sa famille, ses amis. La ville de Lyon avait obtenu du gouvernement la création d'une chaire de droit commercial, et elle avait demandé au ministre pour premier titulaire son jeune et brillant concitoyen, Frédéric Ozanam.

Celui-ci ne sut pas résister et il professa le droit commercial, à Lyon, pendant une année, « avec la solidité d'un vieux docteur et la verve d'un jeune érudit. » A Lyon comme à Paris, ses études ne l'empêchent pas de s'occuper

des pauvres. En sa qualité de Président général des Conférences de cette ville, il donne
l'exemple de la charité, tout en s'occupant de
l'organisation générale de la société de Saint-
Vincent-de-Paul.

Au mois d'avril 1839, Ozanam fut frappé
dans ses affections les plus chères, et il crut
tout perdu en perdant sa mère. Ce fut une
des plus grandes épreuves de sa vie. Il ne
demande à Dieu que la force nécessaire pour
achever son pèlerinage de quelques années,
peut-être de quelques jours, et pour finir
comme a fini sa mère. Il ne cesse de vivre de
son souvenir. Il lui semble qu'elle le suit,
qu'elle l'inspire, qu'elle le récompense comme
au temps de son enfance, par des caresses
sensibles. La présence réelle de sa mère est
pour lui une conviction.

Au milieu de ses tristesses, les doutes sur
sa vocation s'accentuent encore davantage. Se
prononcera-t-il pour la vie religieuse et ira-
t-il rejoindre le Père. Lacordaire dont le cœur
l'attire et se réjouit d'avance de pouvoir l'ap-
peler son frère et son père?

Mais Dieu voulait que cette belle âme édi-
fiât le monde par ses vertus. La Providence
lui préparait insensiblement les voies. Au
milieu de ses hésitations il apprend qu'un concours s'ouvre à Paris pour le titre d'agrégé à
la faculté des lettres. Six mois à peine le sé-

paraient du jour solennel, tandis que ses re-
doutables concurrents s'y préparaient depuis
plus d'un an.

M. Cousin, qui aurait mieux aimé le voir
dans son régiment, l'engage vivement à se
présenter et lui fait de belles promesses. La
lutte fut terrible et, par moments, désespérée.
Aussi la victoire fut complète et son triomphe
fut accueilli par des applaudissements unanimes, non-seulement du public, mais même de
ses rivaux qui étaient au nombre de sept. M.
Victor Leclerc, doyen de la faculté des lettres et
président du concours d'agrégation, constata,
dans son rapport, que, seul des candidats,
Ozanam avait fait preuve d'une étude gram-
maticale et littéraire des 4 langues étrangères
indiquées au programme : *l'Italien, l'Espagnol,
l'Allemand et l'Anglais.* L'heureux élu rap-
portait ce merveilleux succès à Celui de qui
découle tout don parfait. Il voyait, sous son vrai
jour, sa vocation; et, de l'avis de plusieurs per-
sonnes, il prit sa résolution définitive. M.
Ampère, le fils de l'illustre mathématicien, eut
l'honneur de persuader Ozanam et de l'enchaî-
ner à son triomphe. Il lui fit accepter la sup-
pléance de la chaire de professeur de littérature étrangère à la Sorbonne, que lui offrait le
titulaire M. Fauriel, un des juges du concours.

Ozanam avait 27 ans ; l'avenir lui souriait,

les célébrités de l'époque l'entouraient de leurs
sympathies. M. de Montalenbert le recevait
amicalement ; M. de Lamartine lui prodiguait
ses affections. «Tout ce qu'il y avait parmi les
chrétiens d'hommes éminents ou en voie de le
devenir, pressentaient en lui un successeur ou
un compagnon d'armes.» Pour ses débuts à la
Sorbonne, le jeune professeur fut chargé du
cours de littérature allemande au Moyen-Age à
commencer par les *Niebelungen ou le livre
des Héros*. Il entreprit un premier voyage sur
les bords du Rhin, théâtre de toute cette poésie barbare, germanique, franque, à l'étude de
laquelle il allait se livrer.

Mettant à profit les loisirs que Dieu lui
donne pendant les vacances de 1841, il entre-
prend son second voyage à travers l'Italie et
jusqu'en Sicile, toujours pour ses études his-
toriques, philosophiques et littéraires.

A Rome, il est reçu avec une extrême bien-
veillance par le Souverain Pontife Grégoire
XVI qui le fait asseoir auprès de lui, et indi-
que à Ozanam, qui croyait avoir épuisé la ma-
tière, un ouvrage inconnu pour lui et où il
pouvait trouver de nouveaux matériaux pour
compléter son livre sur le Dante, qu'il venait
d'offrir au pape.

A son retour (1842) il reprend le cours de
littérature allemande au Moyen-Age, l'histoire
générale de la littérature allemande du XII° au
XV° siècle et l'étude des principaux ouvrages

qu'elle a laissés. « Il préparait ses leçons comme un bénédictin et les prononçait comme
un orateur.» Chose rare, l'homme érudit était
en même temps un homme éloquent. Voulez-
vous connaître le secret de son éloquence ?
C'est dans le livre des livres, c'est aux pieds du
crucifix, comme tant de génies célèbres, qu'il
allait chercher ses inspirations. Chaque matin
il lisait, dans une bible grecque et souvent même
dans le texte hébreu, quelques versets ou
quelques pages de l'écriture sainte : c'était la
première demi-heure de sa journée. Toute sa
vie il se livra aux pieux exercices avec une
constance inébranlable. La prière, les sacre-
ments, auxquels il participait au moins tout
les huit jours, la méditation des choses divines,
le soutenaient dans les hauteurs surnaturelles.

Tout en faisant son cours, il rassemblait
les matériaux de son ouvrage publié cinq ans
plus tard: *Les Germains avant le Christianisme*
sur les origines les traditions, les institutions
des peuples germaniques, et sur leur établis-
sement dans l'empire romain. Il lui paraissait utile de faire voir comment, réduits à eux
seuls, les Germains n'étaient que des barbares ; comment par les évêques, par les moi-
nes, par la foi romaine, par la langue romaine,
par le droit romain, ils sont entrés en pos-
session de l'héritage religieux, scientifique,
politique des peuples modernes; comment, en

le répudiant, il retourne peu à peu à la bar-
barie. En un mot, il voulait venger le christianisme du reproche qu'on lui fait d'avoir
étouffé le développement légitime de l'huma-
nité.

La réputation d'Ozanam comme orateur
allait toujours grandissant ; de tous côtés on
venait lui demander de prendre la parole,
dans les assemblées de charité ou les réunions
d'ouvriers. Jamais il ne refusait. Il présida
plusieurs années une conférence littéraire.

Pour répondre aux désirs du P. Gratry,
directeur du collège Stanislas, il accepta la
chaire de rhétorique. Il fallait l'entendre ex-
pliquer Virgile, nous dit un illustre académi-
cien M. Caro. Dante lui avait appris à l'aimer
avec une sorte de piété. La jeunesse allait à
lui par d'irrésistibles sympathies. La classe
presque entière redoubla sa rhétorique pour
jouir plus longtemps des leçons de son professeur. Celui-ci était heureux de ce travail
accessoire qui lui servait comme de délasse-
ment aux cours de la Sorbonne, où il traitait
de l'histoire littéraire de l'Italie depuis l'ère
chrétienne jusqu'au temps de Charlemagne.
Ce travail était une étude vive et profonde de
la papauté par laquelle s'est fait ce difficile
passage de l'antiquité aux temps modernes. Il
s'efforça de montrer les innombrables travaux
auxquels s'est livrée l'Eglise, pour nous

préparer et nous assurer l'avenir de tout ce
que nous devions avoir de science, de liberté
et de civilisation.

Qui pouvait mieux parler de la puissance
du travail que cet infatigable travailleur, à
qui les jours ne suffisaient pas, et qui souvent y consacrait les nuits ? Il n'oubliait pas
la grande loi du travail imposée à l'homme
depuis le péché de notre premier père. Il aimait à dire : « je gagne mon pain ; » et, lorsque
la maladie l'empêchait de travailler, il s'é-
criait avec douleur comme son cher patron
Saint Vincent de Paul : « Misérable que je suis,
je mange un pain que je n'ai pas gagné ». Il
sera toute sa vie le martyr du travail. Aussi
fut-il chaleureusement applaudi à la distribu-
tion des prix au collège Stanislas, dans son
discours sur la puissance du travail où il
fit voir, à l'encontre de ceux qui exaltent
tant les principes de 1789 au point de
traiter les siècles précédents d'ignorants et de
barbares, où il fit voir, dis-je, que tous les
hommes les plus célèbres du XVIIe siècle,
Condé, le chancelier de l'Hôpital, le président
de Thou, d'Aguesseau, chancelier de France,
Ménage, Mabillon, Bossuet, Boileau, Racine,
etc., tous sortaient de la discipline savante de
l'université dirigée par les ordres religieux ;
de ces collèges où tout l'enseignement se
donnait en latin, où les écoliers égrillards ou

indcciles qui voulaient lire des romans, lisaient
à la dérobée des romans en grec.

Ozanam se consacrait avec une ardeur toujours nouvelle à la mission du haut enseignement comme à un apostolat, et si sa parole il-
luminait les intelligences, elle savait aussi trouver le chemin des cœurs. Dieu seul connaît le
bien immense qu'il a pu faire. Un de ses élè-
ves lui écrit un jour : « Avant de vous entendre, je ne croyais pas ; ce que n'avaient pu
faire bon nombre de sermons, vous l'avez fait
en un jour, vous m'avez fait chrétien. »

Nous sommes en l'année 1844. A ce moment surgit de nouveau plus vive que jamais
l'ardente question de l'enseignement contre
le monopole universitaire. Ce fût un moment
critique pour Ozanam. Allait-il abdiquer tout
le passé de ses croyances? Allait-il sacrifier
une position magnifique qu'il devait à ses ru-
des labeurs ? Son éloquent panégyriste nous
dira ce qu'il fit. « Il est rare que dans les si-
tuations les plus délicates, où tout semble impossible, il n'y ait pas un certain point qui
concilie tout, comme en Dieu les attributs en
apparence les plus dissemblables se rencontrent quelque part dans l'harmonie d'une par-
faite unité. Ozanam conserva sa chaire, c'était
son poste dans le péril de la vérité. Il n'atta-
qua point expressément le corps auquel il
appartenait ; c'était son devoir de collègue et

d'homme reconnaissant. Mais il demeura dans la solidarité la plus entière et la plus avérée avec ceux qui défendaient de tout leur cœur la cause sacrée de la liberté de l'enseignement. Il garda tout ensemble l'affection des catholiques, l'estime du corps dont il était membre, et, au dehors des deux camps, la sympathie de cette foule mobile et vague qui est le public et qui tôt ou tard décide de tout. »

Quelques mois plus tard Ozanam fut soumis à une rude épreuve ; le professeur titulaire, dont il était le suppléant, M. Fauriel, son protecteur, mourut d'une mort presque subite. Cette fin prématurée fut pour Ozanam comme un coup de foudre. Il voyait tout son avenir compromis. La succession de M. Fauriel fut différée à cinq mois. Attente longue et cruelle, surtout lorsqu'il s'agit de la position et de l'existence d'une famille. Mais Dieu veillait sur celui qui était si généreux à son service. Ozanam fut nommé, le 21 novembre 1844, grâce à la délicatesse et à la générosité de M. Ampère qui répondit à ce choix flatteur par un refus formel en faveur de son protégé. Ozanam se trouvait titulaire à 32 ans d'une chaire de faculté dans l'Académie de Paris. Cette élévation prématurée n'avait pas d'exemple. M. Guizot, parvenu le plus jeune avant lui aux

mêmes fonctions, n'y avait été promu qu'à
l'âge de 36 ans.

Un honneur d'un autre genre était réservé à ce
charitable chrétien. Dans le courant de cette
même année, le président général de la
Société de Saint-Vincent-de-Paul, M. Bailly,
venait de résilier ses fonctions.

Le conseil n'hésita pas un moment dans son
choix ; il le nomma président général à l'una-
nimité. L'humilité profonde d'Ozanam et ses
nombreuses occupations ne lui permirent pas
d'accepter cette charge. Il résista à toutes les
instances et n'accepta que la vice-présidence.
Il se crut obligé, dès lors, de se dévouer plus
que jamais aux intérêts de sa chère société,
comme il l'appelait. Au reste, ce devoir était
pour son cœur le plus doux qu'on pût lui
imposer. Vice-président jusqu'à la fin de sa
vie, il continua à en remplir les fonctions avec
un zèle toujours croissant jusqu'à sa dernière
heure.

L'université reconnaît les services de son savant et éloquent professeur et ses talents ex-
ceptionnels dont l'éclat rejaillit sur elle. En
1846, Ozanam est nommé chevalier de la Légion d'honneur. A la même époque, il reçoit
un diplôme de membre de l'Académie de
Munich. Tout semblait lui réussir, même
au delà de ses vœux, quand il fut atteint
d'une fièvre pernicieuse, qui le conduisit

bientôt aux portes du tombeau. Les médecins
lui prescrivirent une année de repos. Mais
comment rester si longtemps oisif ? Il résolut
de faire un troisième voyage en Italie où l'appelaient ses goûts, ses sympathies et la na-
ture de ses études. Son excellence le ministre
lui confia une mission scientifique et littéraire
pour le pays qu'il chérissait et auquel il voulait demander la santé et la science avec un
accroissement de sa foi. Il parcourt rapidement Gênes et Florence et arrive à Rome pour
y passer l'hiver. La visite des catacombes avait
toutes ses prédilections ; il y descendit cinq
fois et presque toujours avec M. l'abbé
Gerbet.

> Ils visitaient les saintes catacombes
> Des temps anciens;
> Ils touchaient de leurs fronts les immortelles tombes
> Des vieux chrétiens.

Ici je laisse la parole à Ozanam qui a écrit
une de ses plus belles pages : « Nous allons
aussi aux catacombes de Sainte-Agnès avec
l'abbé Gerbet qui en fait un pèlerinage aussi
édifiant qu'instructif. Maintenant qu'il y a une
vingtaine de chapelles déblayées, on y peut suivre toutes les traditions de la liturgie et du
symbolisme des premiers siècles ; et rien n'est
plus admirable que de voir ce digne M. Gerbet
avec sa belle figure éclairée par les cierges,
expliquant les peintures et les rites sacrés du

temps des martyrs, ou bien s'asseyant sur de vieilles chaires épiscopales taillées dans le tuf pour y lire une homélie de St Grégoire le Grand sur les désirs du ciel, ou encore nous faisant réciter les litanies devant l'image de la Vierge découverte, il y a quelques années, au-dessus d'un tombeau du troisième siècle. On éprouve alors des émotions qui adoucissent toutes les souffrances, et qu'on voudrait partager avec tous ceux qu'on aime sur la terre.

Ozanam passa « près de la moitié de son temps auprès du tombeau de ces grands hommes, de ces saintes femmes, dont on croit mieux comprendre la vertu quand on voit les lieux où ils vécurent et ceux où ils reposent. »

On le voit, Ozanam était sous le charme du grand explorateur des catacombes, c'était une attraction irrésistible, les saints attirent les saints et l'âme tendre de l'abbé Gerbet y puisait des délices ineffables. Il ne devait y passer que trois semaines, il y demeura dix ans. « Un séjour à Rome ressemble beaucoup à l'éternité bienheureuse. »

Il rapporta de son voyage une des perles les plus précieuses de son écrin littéraire : *Les poètes franciscains eu Italie au XIIIᵉ siècle*, après avoir étudié à Assise l'austère et poétique figure de saint François, l'époux de la sainte pauvreté. Son humilité le poussait à ne pas livrer au public ces pages admirables ; nous les devons à l'insistance de ses amis. M. J.-J. Ampère les qualifie un chœf-d'œuvre plein de savoir et de grâce. C'est ainsi que le savant professeur, tout en se livrant aux recherches érudites consignées dans son rapport sur une mission en Italie que lui avait confiée M. de Salvandy, se plaisait à cueillir sur son chemin les fleurs les plus délicates et les plus suaves.

Il ne suffisait pas à Ozanam d'être professeur à la Sorbonne et d'étendre son zèle à toutes les œuvres, il fallait qu'il fût journaliste. Avec M. l'abbé Maret il se rend un jour auprès du père Lacordaire qui se préoccupait sérieusement de ce qu'il y avait à faire pour le salut de son pays ; c'était en 1848. La première feuille de l'*Ère Nouvelle* fut distribuée le 15 avril. Jamais journal n'avait eu une pléiade d'écrivains plus illustres. Ozanam, Lacordaire, l'abbé Maret, l'abbé Gerbet, en étaient les principaux collaborateurs. Monseigneur l'archevêque encouragea le nouveau journal et rendit un public et solennel hommage à la droiture, à la franchise, et au dévouement de ses auteurs, qui, faisant abstraction de tous les partis, ne connaissaient et ne voulaient qu'une chose, le salut de la religion et de la patrie. Il voyait dans les grandes révolutions qui changent la face du monde, l'intervention toute-puissante de Dieu. Les

fondateurs de cette œuvre déclaraient que
leur journal n'appartiendrait à aucun parti,
mais qu'il se tiendrait au-dessus d'eux pour
pouvoir leur dire la vérité à tous avec impar-
tialité, mais toujours avec mesure et charité.
L'*Ère Nouvelle* fut une des feuilles les plus
répandues et les plus recherchées. Après les
terribles journées de juin on en vendait jusqu'à 10.000 exemplaires dans les rues de Paris, et les abonnements augmentaient dans la
même proportion ; ces succès furent la cause
de sa ruine. Tandis que les uns la portaient aux
nues, les autres l'accusaient d'être républicaine
de la pire espèce. On s'était proposé une œuvre
de pacification religieuse, on aboutissait à une
guerre à outrance. Le père Lacordaire crut
qu'il était de sa dignité de ne plus compro-
mettre sa robe de religieux. Il en abandonna la
direction sans détruire l'œuvre commune. Le
journal ne cessa de paraître qu'au mois d'avril
de l'année suivante. Monseigneur l'archevêque
de Paris exprima son vif regret de voir finir
ce journal qu'il croyait nécessaire à la défense
de la religion.

Ici se place un des épisodes les plus émou-
vants de la vie de Frédéric Ozanam. Comme
tout citoyen, il était obligé de faire le service
de garde national pour faire respecter le parti
de l'ordre. Le dimanche 25 juin 1848, il était
de service avec M. Cornudet et M. Bailly. Ils

s'entretenaient de la situation douloureuse où
se trouvait la société, quand tout-à-coup la
pensée de l'intervention de l'archevêque jaillit
de leurs angoisses. Ils crurent que la médiation
de Monseigneur serait un triomphe pour l'E-
glise. Munis d'un sauf-conduit, ils traversent
les barricades jusqu'à l'Archevêché. Monseigneur Affre les reçoit avec sa bonté accoutu-
mée et leur dit qu'il est pressé par cette pensée depuis la veille, mais qu'il ne sait comment la réaliser. Ses visiteurs l'assurèrent qu'il
serait accueilli partout avec vénération. Ozanam nous raconte lui-même ce dont il fut té-
moin. « Rien ne peut rendre la vénération et
l'enthousiasme qui accueillirent Monseigneur
sur son passage ; ce fut une marche triomphale
de l'Ile Saint-Louis jusqu'à l'assemblée Nationale. Les troupes, la garde nationale, la garde
mobile, sonnaient aux armes et battaient aux
champs ; les hommes se découvraient ; les
femmes, les enfants s'inclinaient ; c'était le
plus beau spectacle du monde. L'élan était
spontané, unanime ; chacun comprenait ins-
tinctivement que l'Archevêque paraissait au
milieu de cette multitude armée pour quelque grand motif. »

Le général Cavaignac reçut l'archevêque
avec respect et admiration, lui donna une
proclamation aux insurgés et une dernière
promesse de miséricorde, s'ils mettaient bas les
armes ; mais il lui fit connaître le danger au-

quel il allait s'exposer. Il lui apprit que le
général Bréa, envoyé comme parlementaire,
venait à l'instant d'être pris par les insurgés.

La résolution de Monseigneur était inébranlable, et les témoins se souviennent encore
de la simplicité héroïque avec laquelle il répondit : « j'irai. »

MM. Ozanam, Cornudet et Bailly voulurent
l'accompagner, mais il refusa absolument, et
comme ils continuaient à le suivre, arrivés au
pont des Saints-Pères, il leur dit qu'ils devaient le laisser. que leurs uniformes de gar-
des nationaux le gêneraient dans sa mission
en lui donnant un semblant d'escorte et qu'il
devait se présenter seul. Ils le quittèrent par
obéissance mais avec la plus grande douleur.

L'archevêque rentra chez lui. Il se confessa
comme s'il devait mourir. Accompagné de
l'abbé Jacquemet, il se dirige vers le faubourg
Saint-Antoine et monte sur la première barri-
cade, tenant à sa main la promesse de grâce.
Un coup de feu part d'une fenêtre et le véné-
rable prélat frappé à mort tombe en s'écriant:
« Que mon sang soit le dernier versé ». Le
Bon Pasteur venait de donner sa vie pour ses
brebis.

Malgré les tristesses de l'heure présente et
des épreuves de famille, Ozanam n'en con-
tinuait pas moins ses chères études. En même

temps qu'il préparait les leçons de son cours, il mettait la dernière main à son livre de la *Civilisation chrétienne chez les Francs,* qui parut au mois de mai 1849 et fut couronné par l'académie. A la fin de la même année il publiait ses *Germains,* auxquels il travaillait depuis longues années. Il obtient deux fois de suite pour cet ouvrage, en 1850 et 1851, le prix Gobert, de dix mille francs.

Ozanam était toujours fidèle à son programme de travailler toujours et sans cesse pour la défense de la religion. Il n'admettait pas que Dieu ait donné aux uns de mourir au service de la civilisation et de l'église, et aux autres la tâche de vivre les mains dans leurs poches, ou de se coucher sur des roses.

La *Civilisation au 5mo siècle* fut le sujet de son enseignement jusqu'au jour où la maladie interrompit définitivement son cours. Il avait un rare talent d'improvisation et, quelque admiration qui soit due à l'écrivain, ses leçons sténographiées se font remarquer par une correction qui a surpris les hommes accoutumés aux improvisations de nos plus grands orateurs. Cet ouvrage obtint le prix Bordin (26 août 1856), trois ans après sa mort.

La santé d'Ozanam commençait à inspirer de sérieuses inquiétudes. Lui seul paraissait ne pas s'en préoccuper. Il répondait à ceux qui l'engageaient à suspendre son cours : « J'ai un devoir à remplir. Je dois rester à mon poste. J'y mourrai, s'il faut y mourir. »

Ici nous laisserons la parole à M. l'abbé Ozanam, l'auteur de sa vie, aussi remarquable par les sentiments fraternels que par le mérite littéraire.

« Malgré son courage et son énergie il fallut céder à la fièvre. Il se mit au lit.

Cependant il apprend que son auditoire murmure de son absence, et qu'on l'accuse, ainsi que certains collègues, d'en prendre à son aise. Aussitôt, n'écoutant ni sa famille, ni ses amis, ni les ordres du médecin qui s'efforce de l'arrêter, il se lève et court à sa chaire : « Je veux, dit-il, honorer ma profession. » Après une leçon où il fut applaudi plus que de coutume, comme si ses auditeurs avaient reconnu par un secret pressentiment qu'ils l'applaudissaient pour la dernière fois , il s'écria en terminant : « Messieurs, on reproche à notre siècle d'être un siècle d'égoïsme, et l'on dit les professeurs atteints de l'épidémie générale. Cependant c'est ici que nous altérons nos santés, c'est ici que nous usons nos forces ; je ne m'en plains pas : notre vie vous appartient, nous vous la devons jusqu'au dernier souffle et vous l'aurez. Quant à moi, Messieurs, si je meurs, ce sera à votre service. »

Tels furent les adieux d'Ozanam à un auditoire qui l'avait aimé et applaudi pendant douze ans. »

Les médecins l'envoyèrent successivement aux Eaux-Bonnes et à Biarritz. Son état éprouva une amélioration notable. Il en profita pour visiter une partie de l'Espagne, Burgos, Séville, Tolède. Depuis qu'Ozanam vivait dans une atmosphère douce et tempérée, ses forces semblaient revenir. On lui conseilla de passer son hiver dans le midi. Le midi pour lui c'était l'Italie qu'il affectionnait comme une seconde patrie. Avant de partir pour la Toscane où il devait fixer son séjour, il voulut faire un pèlerinage à Notre-Dame de Buglose, afin de pouvoir visiter le berceau de Saint Vincent de Paul, son bien-aimé patron qui avait préservé sa personne de tant de dangers, et qui a répandu des bénédictions si imprévues sur la société charitable dont il est le protecteur.

A Pouy, aujourd'hui Saint-Vincent-de-Paul, il admire le chêne trois fois séculaire sous lequel le petit berger Vincent s'abritait en gardant ses brebis. M. le curé de Saint-Vincent lui offrit une branche du chêne vénéré qu'Ozanam envoya au Conseil général. On peut encore la voir dans la salle des séances où elle est religieusement conservée. Ce pèlerinage devait être le dernier de sa vie. Il part pour Pise, que les médecins lui avaient

indiqué comme le séjour le plus favorable à
son état, mais là aussi, il devait continuer ses
précieuses recherches.

M. Fortoul, alors ministre de l'Instruction
publique, plein de sollicitude pour sa santé,
l'avait chargé d'un travail sur les *Origines des
républiques italiennes,* afin de lui adoucir les
ennuis du repos. Ozanam trouve à Pise une
bibliothèque de 60,000 volumes, et une université qui réunissait les hommes les plus distingués. En fallait-il davantage pour charmer
les tristesses de ce trop long exil ? Sur son
passage, il avait visité les conférences de Tou-
louse, de Marseille, de Nice et de Gênes. Il
est ravi de la conduite du président de cette
« dernière ville qui comprend l'œuvre comme
s'il la faisait depuis 20 ans, et qui va la pro-
pageant avec une activité infatigable dans le du-
ché de Gênes et de Toscane. »

A Florence, il prononce dans la séance du
30 janvier 1853 un discours remarquable
dans lequel il explique avec une lumineuse
précision les origines et le développement de
la société de Saint-Vincent-de-Paul. Il obtient par ses démarches pour cette dernière,
l'autorisation du grand-duc de Toscane, jus-
que là rempli de préventions contre la société
de Saint-Vincent-de-Paul. Cette autorisation
fut presque immédiatement étendue aux conférences de Livourne et de Pise ainsi qu'à tous
ses Etats.

Les médecins qui avaient conseillé à Ozanam d'aller passer l'hiver à Pise, lui avaient
assuré qu'il y trouverait le climat sec et chaud
nécessaire à son rétablissement. Hélas ! l'hiver
fut pluvieux et glacé. Pendant tout le temps
de son séjour, Ozanam vécut au milieu d'un véritable déluge. « Les poètes cependant, écrivait-
il dans un de ses rares moments de gaîté, avaient
pris soin de m'en avertir, lorsque Dante, au 3me
cercle de l'Enfer, décrit la pluie éternelle, mau-
dite, froide et triste, *Eterna, maladetta, fred-
da e greve.* » Ce n'est qu'à la cathédrale ou dans
la bibliothèque qu'il pouvait chasser la tristesse de son exil, mais surtout au milieu de
ses confrères de Saint-Vincent-de-Paul.

Sa maladie faisait des progrès effrayants. Il
savait vivre entre la vie et la mort, tour-à-
tour reconnaissant et résigné. La lecture de la
bible le consolait, et, pendant ce triste hiver,
il la relut d'un bout à l'autre. Le chrétien
grandissait de jour en jour au milieu des
souffrances, et son âme se transformait pour
paraître plus belle et plus pure devant le
Dieu de toute pureté. Il se préparait pour le
terrible passage et son testament nous en four-
nit la preuve.

Dès que la saison le permit, les médecins
l'éloignèrent de Pise pour l'envoyer au bord
de la mer, dont l'air lui avait déjà fait tant
de bien. C'est à San-Jacopo, à un quart

d'heure de Livourne qu'il fixa sa demeure.
Là, il retrouva ce qu'il était allé vainement
chercher à Pise, le soleil, la chaleur, un
air doux et bienfaisant, un ciel pur et presque toujours riant. A un moment, il se crut
presque guéri ; il écrit que ces deux mois
d'accointance avec la mer lui ont déjà fait un
bien inattendu.

Mettant à profit ses nouvelles forces, il
compose son ouvrage, *Un pèlerinage au pays
du Cid*, qu'il ne pourra achever que peu de
semaines avant sa mort, alors qu'il était si
faible qu'il ne pouvait écrire plus de deux ou
lignes sans s'étendre sur un canapé.

Pendant son séjour à San-Jacopo, il apprend
que l'académie *della Crusca* (du Crible) fondée
à Florence en 1582, qui n'admettait que très-
rarement des étrangers dans son sein, ouvre
ses portes au commentateur du Dante et à
l'auteur des *Poètes franciscains*, en même
temps qu'à l'écrivain des *Espérances de l'Italie*, le comte *Cesare Balbo* qu'il tenait en
grande estime. L'avis des médecins l'oblige
à prolonger son séjour au bord de la mer.
De San-Jacopo, il va s'établir à l'Antignano,
joli village, à une heure de Livourne, qui devait être sa dernière étape, la grande étape du
sacrifice. En attendant que sa nouvelle demeure y fût prête, il se rend à Sienne, afin
d'y proposer et d'y établir sa chère Société.

Une partie de l'université de Pise avait été transportée dans cette ville qu'on appelait *l'antichambre du paradis.* Cette jeunesse, sans œuvres de charité, le tourmentait comme un remords personnel. Il eut la douleur de revenir sans avoir réussi, mais les voies avaient été préparées. Grâce au zèle du père Pendola. religieux, ami d'Ozanam, peu de temps après, deux conférences étaient fondées, l'une au collége, l'autre dans la ville, le jour même de la fête de Saint Vincent de Paul.

La Providence, toujours magnifique dans ses dons, lui accordait au delà de ce qu'il avait demandé. C'était sa dernière fondation mais il y avait usé ses forces. A son retour, le mal fit des progrès intenses. Dès le commencement du mois d'août, ses parents recevaient les nouvelles les plus alarmantes sur sa santé. Son frère, le docteur Charles Ozanam, partit aussitôt et vola au secours du pauvre malade ; il lui consacra, avec le plus tendre dévouement, toutes les ressources de son art et de son cœur, jusqu'à son dernier soupir.

Ici nous laissons la parole à son frère M. l'abbé Ozanam :

« La grande solennité de l'Assomption approchait. Ozanam voulait célébrer la fête de sa mère selon la grâce et celle de cette mère chérie pour laquelle il avait toujours montré un véritable culte. Malgré sa faiblesse extrême,

il refusa le secours d'une voiture et voulut
que sa dernière promenade en ce monde fut
pour aller à la maison de Dieu. Soutenu par
le bras de celle qu'il appelait à juste titre son
ange gardien, il se rendit lentement à la pa-
roisse à travers la foule qui se découvrait par
respect. Le vieux curé de l'Antignano, qui
était mourant lui-même, apprenant qu'Ozanam désirait recevoir la Sainte-Communion
avant la messe, quitte son lit de douleur pour
la lui donner, ne voulant céder à aucun autre ce qu'il regardait comme un honneur auquel seul il avait droit. C'est ainsi qu'au milieu des fleurs et d'un nombreux luminaire
qui faisaient briller dans cette pauvre église
comme un rayon du ciel, notre cher malade,
avec l'aide de sa jeune femme, s'avança près
de l'autel et reçut avec elle le pain divin, qui
devait être sa force dans les dernières lut-
tes de sa vie, et soutenir le courage de celle
qui allait bientôt le pleurer. Ce fut la dernière
fois que le vieux prêtre offrit le saint sacrifice, ce fut la dernière aussi que notre bien-
aimé frère put y assister. »

Une nuit, l'un de ses frères le veillait et
l'aperçut dans l'ombre versant des larmes.
« Pourquoi es-tu si triste ? lui demanda-t-il en
l'embrassant, ne vois-tu pas tes frères auprès
de toi ? bientôt nous retournerons en France ».
Ecoutez son admirable réponse « Ah ! cher
frère, dit-il d'une voix pleine de pleurs, quand

je songe à la passion de Notre-Seigneur,
quand je songe que ce sont nos péchés qui
lui ont causé tant de souffrances, je ne puis
retenir mes larmes. » L'heure du sacrifice approchait, mais on voulut le rendre moins
amer, en ramenant le pauvre malade en
France. Il est si triste de mourir sur la terre
étrangère. Avant de quitter la maison où il
avait tant souffert, Ozanam, s'arrêtant sur le
seuil de la porte, ôta son chapeau et, jetant
un dernier regard sur cette chambre qu'il
aimait, parce qu'il y avait souffert : « Mon
Dieu ! s'écria-t-il, je vous remercie des souffrances et des afflictions que vous m'avez
données dans cette maison. Acceptez-les en
expiation de mes péchés » Arrivé à Marseille,
il paraît ne plus souffrir autant, et toutes ses
inquiétudes disparaissent depuis qu'il a touché la terre de France. Un calme qui n'était
ni celui de la vie ni celui de la mort, succéda
à son agitation habituelle. Il se coucha aussitôt, ce fut, hélas ! pour ne plus se rele-
ver.

Le prêtre consolateur qui l'assistait, cher-
chait à l'exciter à la confiance en Dieu , il lui
répondit : « Eh ! pourquoi le craindrais-je ?
je l'aime tant ! » De temps à autre, il prononçait quelque oraison jaculatoire pour re-
mercier et bénir ceux qui le servaient. Le 8
septembre 1853, jour de la Nativité de la

sainte Vierge, le malade entra en agonie. Il
ouvrit les yeux, souleva les bras et s'écria
d'une voix forte : « Mon Dieu, Mon Dieu, ayez
pitié de moi ! » Ce furent ses dernières paroles. Après les paroles de la recommandation
de l'âme, il se fit un grand silence, interrompu seulement par les larmes des assis-
tants. Il était huit heures moins dix minutes
du soir, lorsque Ozanam exhala un long soupir qui fut le dernier. Le grand ami de Dieu
et des pauvres venait de rendre son âme à
Dieu.

Son corps fut porté à Paris, où ses funé-
railles furent magnifiques. Lyon avait réclamé
avec instances la dépouille mortelle d'un concitoyen dont les brillants débuts avaient ho-
noré cette ville ; mais Paris avait le droit de
posséder les restes de celui qui avait illustré
l'université et qui avait été comme le protecteur des pauvres. Paris l'obtint, mais la ville
de Lyon ne fut pas ingrate. Elle donna son
nom à une rue et plaça son buste en marbre
dans la salle des séances de l'Académie de
cette ville. Le bruit de la mort d'Ozanam se
répandit bientôt dans toute la France, et jusqu'en Italie. Des lettres de condoléance arri-
vèrent de toutes parts à sa veuve. Notre Saint
Père le pape Pie IX lui-même exprima sa
profonde tristesse dans un bref, en donnant

à sa veuve la douce espérance de son salut éternel.

O glorieux Ozanam, pendant que vous étiez sur cette terre, vous énumériez avec bonheur les nombreuses conférences répandues dans le monde, et vous affirmiez que nous avions une conférence en Paradis. Oui, en ce jour mille fois béni des noces d'or de votre chère Société, il nous plait de vous contempler au milieu des nombreux confrères de toutes tribus, de toutes nations, qui ont reçu la récompense de leur charité. Priez pour tous vos confrères qui combattent sur cette terre, obtenez-leur l'esprit d'humilité et de charité, afin qu'il soient comme vous de dignes serviteurs de Dieu et des pauvres.

(*Moniteur Universel* du 11 juillet 1883).

Léon XIII et la mémoire d'Ozanam.

Léon XIII vient de rendre un auguste témoignage à la mémoire d'Ozanam. Pendant son dernier séjour à Rome, S. Em. le cardinal Lavigerie, qui lors de ses premiers succès en Sorbonne avait été accueilli avec la plus vive sympathie par Ozanam, a bien voulu remettre au Saint-Père les œuvres complètes de celui qui fut un des maîtres de sa jeunesse. C'est à cette occasion qu'a été envoyé, ces jours derniers, le bref dont nous donnons la traduction ci-après :

A notre chère fille Amélie Ozanam, à Paris.

LÉON XIII Pape.

Chère fille en Jésus-Christ, salut et bénédiction apostolique.

La fermeté de la foi et le zèle de votre illustre

époux à défendre la vérité catholique ne le recommandaient pas moins hautement que la puissance de son esprit et la richesse de sa doctrine ; aussi l'hommage de la collection complète de ses œuvres, que vous Nous avez offerte de concert avec votre fille et votre gendre, Nous a été des plus précieux. En recevant, avec l'expression bien légitime de nos sentiments de reconnaissance, ce témoignage de votre zèle et de votre pieuse déférence, Nous avons la conviction que rien ne vous est plus à cœur que de conserver pieusement la foi et l'amour filial envers l'Eglise Notre Mère, et de suivre ainsi les traces de Celui qu'y s'y consacra lui-même, comme vous le rappelez, et qui fut pour ses concitoyens et surtout pour sa famille un modèle de religion et de bonnes œuvres.

C'est donc un désir et une joie pour Nous de voir honorer la mémoire de cet homme illustre, afin que le nombre de ceux qui veulent participer à la même gloire se multiplie, surtout dans un temps si critique pour le christianisme où il faut que la lutte contre les efforts des impies soit soutenue par des hommes courageux, d'une science solide, prêts à l'action, prenant en main la cause de la vérité et entraînant les autres au culte de la vertu. Nous avons d'ailleurs la confiance que les écrits de votre mari, par lesquels il parle encore quoique mort, ne produiront pas de moindre fruits que lui-même n'en produisit de son vivant par ses discours et par ses exemples, comme Nous l'a appris la renommée. Dans cet espoir Nous vous accordons à vous et à toute votre famille, avec une affection particulière, la bénédiction apostolique que vous sollicitez et qui sera pour vous le gage des faveurs célestes.

Donné à Saint-Pierre de Rome, le 29 mai 1883, dans la sixième année de Notre Pontificat.

LÉON XIII, Pape.

Perpignan. Imp. de l'Espérance.